NOS ŒUVRES

ET

NOS VICTIMES

DE LA

MARTINIQUE

MAISON-MÈRE

—

1903

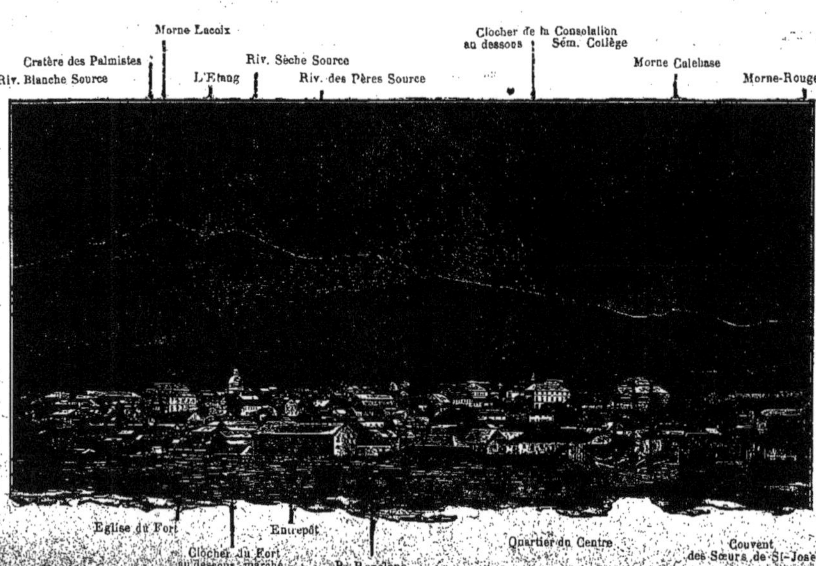

Vue du Mont-Pelé et d'une partie de St-Pierre (quartier du Fort.)

FERVEUR — CHARITÉ — SACRIFICE

NOS ŒUVRES ET NOS VICTIMES

DE LA

MARTINIQUE

I. Coup d'œil sur nos œuvres. — II. Le Mont-Pelé. Premières éruptions. — III. La catastrophe du 8 mai. Les ruines du Séminaire-Collège. — IV. Catastrophe du 30 août. Destruction du Morne-Rouge. Mort du P. Mary. — Nécrologie : PP. Le Gallo, Frinault, Fuzier, Chassagnol, Ackermann, Démaërel, Huyghe, Dubail, Marrer, Durny, Schott, M. Rappin, F. Joseph Auguste. — P. Mary.

L'épouvantable cataclysme de la Martinique, qui vient de jeter la stupeur dans le monde entier, a eu un retentissement particulièrement douloureux au cœur de notre Congrégation, frappée dans la personne de 14 de ses membres, tandis qu'elle voyait ensevelis sous les cendres les beaux établissements qu'elle dirigeait depuis près d'un demi-siècle.

C'est à la mémoire de ces chères victimes que sont dédiées ces modestes pages, destinées à perpétuer parmi nous le souvenir de leur généreux dévouement, et celui des œuvres importantes auxquelles fut consacrée leur vie.

Cette brochure, qui forme le dernier Bulletin de nos anciennes communautés de la Martinique, est à ajouter comme supplément au tome VII du Bulletin général (21ᵉ de la collection complète).

I

NOS ŒUVRES A LA MARTINIQUE

La Congrégation du St-Esprit fut appelée à prêter son concours au bien religieux de la Martinique dès l'érection des évêchés coloniaux.

Mgr Le Herpeur, premier évêque de Saint-Pierre et Fort-de-France, voulant organiser un Grand-Séminaire, afin de favoriser les vocations créoles, en confia la direction aux enfants du V. P. Libermann, au lendemain de la mort du Serviteur de Dieu, dès 1853. Le R. P. Emonet, qui devait laisser dans la colonie une mémoire vénérée, fut placé à la tête de cette œuvre, établie au Trou-Vaillant, dans la banlieue de Saint-Pierre.

L'année suivante, le même évêque, réalisant un vœu qu'il avait fait durant une tempête, songeait à ériger sur les hauteurs du Morne-Rouge, à 7 kilomètres de Saint-Pierre, un sanctuaire dédié à N.-D. de la Délivrande, destiné dans sa pensée à devenir un centre de pélerinage, desservi par une résidence de missionnaires. Le P. Dufrien, accompagné du P. Blanc, reçut son obédience pour cette œuvre nouvelle, où il montra tout le dévouement d'un apôtre et les vertus d'un saint religieux.

En 1859, le second évêque de la colonie, Mgr Porchez, fit appel aux Pères pour la direction du Séminaire-Collège, déjà fondé à Saint-Pierre, et dirigé jusqu'alors par des prêtres du clergé colonial.

Cet établissement, installé dans un site admirable, à l'extrémité du quartier du Fort, prit, en peu de temps, un développement considérable. Il fallut même, en 1864, créer à Fort-de-France une succursale, que les Pères dirigèrent jusqu'en 1880. Elle fut alors transformée en école préparatoire aux cours classiques, et confiée aux Frères de Ploërmel ; mais ceux-ci durent l'abandonner, faute de ressources, en 1896.

Le Grand-Séminaire du Trou-Vaillant avait déjà été supprimé dès 1872, par suite du retrait de la subvention que lui accordait la colonie. Cette œuvre a produit bon nombre de vocations ecclésiastiques.

Quant au Séminaire-Collège de Saint-Pierre, malgré une diminution sensible d'élèves, provoquée par la suppression des bourses officielles et la concurrence d'un lycée très richement doté, il a maintenu jusqu'à la fin, aux yeux du clergé et des meilleures familles de la colonie, la réputation que lui avaient faite, dès l'origine, des maîtres dont le souvenir est resté en vénération dans le pays.

Les PP. Emonet, Grasser, Vanhaecke, Prono, Ph. Kieffer, Veillet et Malleret, s'y sont succédé comme Supérieurs.

En 1886, la Congrégation crut devoir, sur les instances de Mgr Carméné, prendre l'œuvre à sa charge, moyennant une modeste subvention de l'évêché. En retour, Sa Grandeur voulut bien confier aux Pères du Collège la petite paroisse de la Consolation, et les aumôneries de l'Hospice civil, de l'Ouvroir et de la Maison de santé ; ils avaient déjà, depuis l'origine, l'aumônerie du pensionnat des Sœurs de St-Joseph.

Au Morne-Rouge, sous l'impulsion du zélé missionnaire qu'était le P. Dufrien, le pélerinage de N.-D. de la Délivrande s'était solidement établi. C'était un foyer de dévotion et de piété qui rayonnait sur la colonie entière. Une gracieuse église avait remplacé la chapelle de secours que possédait primitivement ce quartier, formé de cases éparses dans la campagne, et dépendant de Saint-Pierre. Bientôt, un petit bourg se forme autour de la nouvelle église. Le site enchanteur et l'air vivifiant de ce col pittoresque, à 450 mètres d'altitude, attirent peu à peu les habitants de St-Pierre, qui construisent de charmantes villas, de chaque côté de la route qu'on vient d'ouvrir dans la direction du Nord. Le Morne-Rouge s'accroît chaque année, et devient commune indépendante en 1889.

Dès 1867, le Pape Pie IX avait donné au Pélerinage une consécration officielle, en conférant à la statue de N.-D. de la Délivrande l'insigne honneur du couronnement.

Mais bientôt devait commencer l'ère des épreuves. Le 18 août 1891, le cyclone le plus terrible qui eût jamais désolé ces parages s'abat sur la Martinique. L'église du Morne-Rouge s'écroule sous le choc de la tempête; le P. Mary, qui avait succédé au P. Blanpin, comme curé de la paroisse, n'a que le temps de se réfugier à la sacristie, où un lambeau de plafond lui sert d'abri jusqu'à la fin de la tourmente.

Son premier soin est de se porter au secours des victimes, qui gisent sous les ruines de leurs demeures. Avec l'aide de paroissiens dévoués et des soldats du camp, il peut en sauver un grand nombre; mais, le lendemain du désastre, il doit donner la sépulture à 29 cadavres, parmi lesquels huit religieuses de St-Joseph et de la Délivrande.

Cependant, la statue de Notre-Dame de la Délivrande, élevée à l'angle du sanctuaire de la chapelle disparue, était restée debout, intacte sur son piédestal de marbre. A cette vue, un cri d'espérance jaillit de tous les cœurs; et l'on se met courageusement à l'œuvre pour construire une nouvelle église, érigée sur un plan plus vaste et dans des conditions spéciales de résistance. Encouragé et soutenu par Mgr Carméné, le P. Mary se fait, dans ce but, le « mendiant de Notre-Dame » et parcourt, durant de longs mois, toutes les routes et tous les sentiers de la colonie, pour recueillir sou par sou les offrandes de toutes les paroisses.

Le nouvel édifice s'élève rapidement, grâce au concours énergique du vaillant F. Marie-Joseph, qui avait déjà présidé à la construction de la première église; et Mgr Carméné le bénit solennellement le 1ᵉʳ mai 1897, après l'achèvement du clocher. Peu à peu l'ornementation se complète, et trouve enfin son couronnement dans la décoration grandiose, due au pinceau du F. Fulbert. Mgr de Cormont, l'évêque actuel du diocèse, voulut, avant de partir pour la France, faire la consécration solennelle du nouveau sanctuaire de Marie, le 4 mars 1902. Ce fut la dernière joie du P. Mary, qui rêvait encore pour sa chère église le titre de basilique.

La Communauté du Morne-Rouge était, en dernier lieu, composée de trois Pères, les PP. Mary, Audren et Jean Vœgtli, et d'un Frère, le F. Liévain. Outre le service de la paroisse et du pélerinage, les Pères remplissaient les fonctions de missionnaires diocésains; ils étaient souvent appelés à donner des retraites et d'autres prédications, dans les paroisses de la colonie, et même dans les îles voisines, prêtant ainsi au clergé un concours fort apprécié.

Au Séminaire-Collège, le cyclone de 1891 avait aussi accumulé des ruines. La chapelle, très modeste il est vrai, s'était écroulée, et toutes les toitures avaient été emportées. Cependant, grâce au zèle et à l'énergie que déployèrent tous les Pères, sous la direction du R. P. Vanhaecke, le Collège, sommairement restauré, put ouvrir ses portes à la rentrée d'octobre.

On posa les fondements d'une nouvelle chapelle, plus solide et plus artistique que l'ancienne. Le F. Fulbert venait d'en achever la gracieuse décoration, dont l'inauguration fut célébrée le 28 mars 1902, par un remarquable concert religieux, réunissant l'élite de la société de St-Pierre.

Le 11 avril suivant, le R. P. Malleret, dernier supérieur, s'embarquait pour retourner en France, en compagnie de Mgr de Cormont, laissant la direction de la Communauté à son assistant, le P. Le Gallo, curé de la Consolation.

II

PREMIÈRES ÉRUPTIONS DU MONT PELÉ

Le massif de la Montagne Pelée occupe le nord-ouest de l'île, plongeant ses ramifications dans la mer des Antilles et le canal de la Dominique, et de l'autre côté, s'abaissant doucement vers le large et fertile plateau du Macouba et de la Basse-Pointe, qui s'étend sur le littoral de l'Atlantique. Le col du Morne-Rouge, et la vallée de la Rivière Capot séparent ce massif de celui des Pitons du Carbet.

Le sommet de la montagne, le Morne-Lacroix, s'élevait, avant l'éruption, à une altitude de 1350 mètres.

On y voyait deux cratères, qui sommeillaient depuis des siècles et semblaient aussi inoffensifs que les volcans d'Auvergne : sur le versant de la mer des Antilles, le gouffre de l'Étang-Sec, un peu au-dessous du Morne-Lacroix ; et, sur le versant de l'Atlantique, le Lac des Palmistes.

Le matin du 5 août 1851, un léger réveil d'activité s'était manifesté dans le premier de ces cratères ; mais bientôt la cendre cessa de tomber, et la fumée disparut. Les effets violents de l'éruption n'avaient guère dépassé un rayon de 100 mètres.

Les premiers symptômes d'une nouvelle activité apparurent le 23 avril 1902. De fortes odeurs de soufre se dégageaient dans les localités du Prêcheur et de Ste-Philomène, où l'on entendit même des grondements souterrains.

Le 25 au matin, la montagne étant dégagée des brumes qui la couvraient les jours précédents, on aperçut nettement de St-Pierre un nuage de vapeur, s'échappant de l'Étang-Sec, et venant couronner le sommet de la montagne. Le lendemain, plusieurs Pères du Collège et du Morne-Rouge eurent la curiosité d'en faire l'ascension. Ils rentrèrent harassés, racontant qu'une eau bouillonnante s'élevait des profondeurs du gouffre et que des gaz asphyxiants se dégageaient des parois sur une large étendue.

Les détonations et les grondements continuels commençaient à effrayer les habitants des hauteurs, qui se réfugiaient en ville.

Dans la nuit du 2 au 3 mai, la cendre, qui tombait dans la direction du Prêcheur, recouvrit la ville de St-Pierre d'une couche épaisse de plusieurs centimètres. On s'extasiait devant ce spectacle, rappelant les effets de neige des premiers jours d'hiver. La presse revenait aux souvenirs de 1851, et félicitait la colonie d'avoir dans le cratère une précieuse soupape de sûreté.

Dans la journée du 5, un torrent de boue, sortant impétueusement des flancs du volcan, fit d'un seul coup 23 victimes à l'usine Guérin, à l'embouchure de la Rivière-Blanche. Il y eut alors un moment de panique ; puis l'impression optimiste reprit le dessus.

Cependant, les chefs d'établissements scolaires, en présence des ennuis causés par l'envahissement de la cendre, licencièrent provisoirement leurs élèves. Ceux du Séminaire-Collège partirent le samedi matin, 3 mai.

Le P. Le Gallo crut aussi de son devoir de prendre des

précautions pour la sécurité des Pères. Il pria ceux qui n'a-
vaient pas de ministère spécial à remplir, de s'éloigner momentanément; il assigna même à chacun la paroisse où
il pourrait se retirer; car ces Messieurs du clergé leur of-
fraient l'hospitalité avec la plus grande bienveillance. Les
PP. Desnier, Guyot, Delaval, et M. Gallot, scolastique, se
retirèrent sur différents points de l'île. Le P. Leininger
monta au Morne-Rouge, pour seconder le P. Mary, resté
seul en l'absence des PP. Audren et J. Vœgtli, desservant
par intérim les paroisses des Anses-d'Arlets et de la Rivière-Salée. Parmi ceux qui demeurèrent, les uns étaient retenus à leur poste, soit à la paroisse de la Consolation, soit
dans les différentes aumôneries; les autres prêtaient leurs
concours au clergé de la ville, occupé nuit et jour à enten-
dre les confessions. La plupart restaient dans l'expectative,
n'osant croire au danger, et comme fascinés par l'impres-
sionnante beauté du spectacle.

Les religieuses de St-Paul-de-Chartres, dont la supérieure
se prodiguait au service du Collège depuis près de 50 ans,
refusèrent d'abandonner la communauté, et, malgré les instances de leur supérieure principale, voulurent rester à leur
poste jusqu'au bout.

M. l'abbé Parel, vicaire général, administrant le diocèse
en l'absence de l'Evêque, était accouru à St-Pierre, après le
désastre de la Rivière-Blanche. Il s'installa au Séminaire-
Collège, son séjour de prédilection; et, dans les journées du
6 et du 7 mai, il visita, en compagnie des Pères, la région
dévastée, allant, à travers mille dangers, porter des secours
et des consolations aux paroisses de Ste-Philomène et du
Prêcheur, plongées sous la cendre. Dans l'après-midi du 7,
veille de l'Ascension, il rentra pour la fête à son poste de
Fort-de-France.

Le gouverneur, M. Mouttet, était venu, de son côté, pour
rassurer la population. La présence de sa femme, qui l'ac-
compagnait, les proclamations qu'il fit adresser au peuple,
les déclarations optimistes de la presse, tout tendait à rassurer les esprits; et la ville s'endormit sans inquiétude, sous
l'impression rassurante de cette déclaration d'un homme

compétent, membre de la Commission scientifique officielle :
« St Pierre, au pied de son volcan, est plus en sûreté que
Naples au pied du Vésuve ! »

Dans la soirée du 7, douze des Pères restaient au collège, outre le F. Joseph-Auguste. Sur la demande du
P. Mary, le P. Bruno était parti le soir même pour le Morne-
Rouge, en compagnie du F. Gérard. Les PP. Démaërel et
Durny les avaient escortés, mais pour redescendre ensuite,
laissant gaiement à leurs confrères ce dernier adieu : « Au
revoir, mes amis, en ce monde ou dans l'autre !.... »

A partir de ce moment, c'est la nuit la plus obscure, le si-
lence le plus lugubre qui plane sur cette chère communauté
de St-Pierre, composée de 13 membres, qui, le lendemain,
allait disparaître tout entière dans l'horrible fournaise....

III

LA CATASTROPHE DU 8 MAI

Le matin du jour de l'Ascension, après une nuit assez
mouvementée, St-Pierre voyait se lever au-dessus des mornes un soleil radieux, éclairant un instant le sommet de la
montagne, que l'on découvrait distinctement au-dessus du
volcan. Les églises se remplissaient de fidèles, venant en
foule recevoir la sainte communion.

Soudain, écrit M. l'abbé Parel dans son remarquable rapport,
à 8 heures moins dix, comme en témoigne l'horloge de l'hôpital,
arrêtée à cette minute précise, une formidable détonation retentit dans toute la colonie; et l'on put contempler, s'élançant du
cratère, avec une rapidité vertigineuse, une énorme masse mon-
tant dans le ciel. Mais de ces couches profondes, tout à coup
une sorte de trombe de feu se détache, s'abat sur St-Pierre en
ouragan, enveloppe, comme dans les mailles d'un horrible filet,
la ville tout entière, sa rade et ses banlieues, depuis la pointe
du Carbet jusqu'au Morne-Folie, près du Prêcheur, en décrivant
dans les terres, tout autour de la ville, une courbe régulière de
2 à 3 kilomètres.. (1) Depuis l'herbe des savanes, les récoltes des

(1) Suivant M. Lacroix, ce nuage, d'une densité effrayante, conte-

campagnes, jusqu'aux grands arbres, jusqu'aux maisons et aux édifices de la ville et de ses environs, jusqu'aux navires mouillés en rade, sur terre et sur mer, il n'y a plus qu'un seul et vaste brasier, où se consument 30 000 vies humaines !...

Des hauteurs du Morne-Rouge, les habitants, terrifiés par le fracas de l'éruption, s'attendent à voir crouler sur eux la colonne de feu qui a jailli du cratère. Sous leurs yeux, « la trombe part avec la rapidité de l'éclair et des sifflements sinistres, en droite ligne sur St-Pierre. Il semblait que ce fût la fin du monde... La population se jette dans l'église de N.-D. de la Délivrande, où le P. Mary donne l'absolution générale. » *(Lettre du P. Bruno.)*

De Fort-de-France, un yacht de la Cie Girard avait transporté à St-Pierre, à 6 heures du matin, tout un convoi de passagers et de touristes. Au moment de l'explosion, nettement perçue à cette distance de 25 kilomètres, un immense nuage vint planer au-dessus de la ville, la plongeant dans l'obscurité, et laissant bientôt tomber sur les toits une grêle de petites pierres, accompagnée de cendres. La communication téléphonique avait été brusquement interrompue au milieu d'une phrase ; et, depuis lors, c'était à Fort-de-France l'anxiété la plus horrible.

Le bateau venu le matin de St-Pierre avait essayé en vain de reprendre la mer à l'heure habituelle de son départ, à 8 heures et demie. Cependant vers dix heures, le petit vapeur qui venait du Marin put aller jusqu'à la Pointe du Carbet, où il s'arrêta terrifié. St-Pierre disparaissait sous un nuage de fumée et de cendre, tandis qu'une ligne de feu courait tout le long de la plage. Le bateau, de retour à Fort-de-France, vers midi, jeta dans la ville consternée l'épouvantable nouvelle.

Le croiseur *Le Suchet* put, dans la soirée, pénétrer dans la rade, où il recueillit une trentaine de matelots blessés, affreu-

---

nait en suspension des cendres, de la vapeur d'eau, des gaz délétères, à une température d'environ 400 degrés. Rabattu sur les flancs de la Montagne, à une vitesse de 4 kilomètres à la minute, il accomplit en quelques instants son œuvre de destruction.

sement brûlés, qu'il dirigea vers Fort-de-France. Il repartit immédiatement, pour aller chercher des vivres à la Guadeloupe, d'où il put expédier en France, la nouvelle de la catastrophe. Les communications télégraphiques avec la Martinique se trouvaient interrompues.

Enfin, le 13 mai, un câblogramme de M. l'abbé Parel donnait le bilan du désastre pour le clergé et les communautés religieuses :

12 membres de notre Congrégation ;

11 Prêtres du Clergé séculier ;

33 Sœurs de St-Joseph de Cluny ;

28 Sœurs de St-Paul de Chartres ;

10 Religieuses de la Délivrande.

Ce n'est que le 25 mai que nous apprîmes par une lettre de M. l'abbé Parel les noms de nos chères victimes. C'étaient les PP. Jean Le Gallo, Auguste Frinault, Jean Fuzier, Benoît Chassagnol, Achille Ackermann, Alfred Démaerel, Arthur Huyghe, Victor Dubail, Eugène Marrer, Charles Durny, Henri Schott, M. Charles Rappin, scolastique, le F. Joseph-Auguste Bouvier. (1)

Le vendredi 9 mai, on avait pu enfin aborder les ruines de St-Pierre. Les quartiers du Fort et de la Consolation étaient absolument rasés. Seul, l'énorme mur de soubassement du Séminaire-Collège apparaissait encore au-dessus des cendres qui recouvraient tous les débris de l'établissement. Au milieu de la ville, une des tours de la cathédrale se dressait noircie et lézardée ; au delà, c'était un amas informe de ruines fumantes.

Dans les rues gisaient des milliers de cadavres ; mais la plupart étaient ensevelis sous les décombres. Il fallait songer au plus tôt à incinérer les morts. Le P. J. Vœgtli et M. l'abbé

---

(1) Il y avait six sœurs de St-Paul de Chartres employées au Séminaire-Collège. Toutes y sont tombées victimes de leur dévouement. Il convient de conserver ici leurs noms, à côté de ceux de nos confrères : S^r St-Germain, supérieure, agée de 73 ans ; Sr Marie-Odile, infirmière, 64 ans ; Sr Rose-Victoire, 44 ans ; S^r St Charles, 34 ans ; Sr Pierre-du-Sacré-Cœur, 25 ans ; Sr Élisabeth-de-St-Paul, 30 ans.

Auber firent partie de la première mission envoyée à ceteffet, et donnèrent l'absoute générale à cette multitude de chrétiens, que Dieu avait brusquement appelés à paraître devant lui.

Le Père put arriver jusqu'à l'emplacement du Séminaire-Collège. Pas un mur ne reste debout au-dessus du sol, sauf la base de l'escalier du pavillon central, qui abrite, sous un arceau, le buste de Mgr Le Herpeur, contenant le cœur du saint fondateur de l'établissement. De la magnifique chapelle, aucune trace, à part quelques blocs de maçonnerie, projetés dans le petit jardin qui précédait le réfectoire. Là, à travers la couche de cendre, on pouvait distinguer les restes informes et carbonisés de huit pauvres victimes.

Ruines du Séminaire-Collège.
Arceau abritant le buste de Mgr Le Herpeur.
Place des restes de huit de nos Victimes.

Les Pères restés au Morne-Rouge ne s'y croyaient pas en sûreté. Le volcan grondait toujours. Sur le conseil du Père Mary, les PP. Leininger et Bruno, ainsi que le F. Gérard, « portant sur leur dos toute leur fortune, » s'en vont de presbytère en presbytère, jusqu'au Robert et au François, où ils reçoivent le plus touchant accueil. Le P. Guyot et

M. Gallot, qu'ils rencontrent à l'Ajoupa-Bouillon, les accompagnent jusqu'à la Trinité, d'où ils se dirigent sur Fort-de-France ; les autres étaient dispersés dans l'île : à la Rivière-Salée, au Marin et aux Anses-d'Arlet. Le F. Liévain, resté quelques jours auprès du P. Mary, est envoyé par celui-ci à Fort-de-France ; et le vaillant gardien de N.-D. de la Délivrande reste sous le volcan, à veiller sur les débris de sa population.

À la nouvelle de la catastrophe, le R.P. Girard, supérieur de la Guadeloupe, avait envoyé M. Garin, scolastique, pour s'informer des survivants et leur offrir un asile au collège de la Basse-Terre. Après avoir rempli sa mission, celui-ci se disposait à repartir le matin du 20 mai, lorsqu'il fut témoin de l'affreuse panique qu'une nouvelle et terrible éruption venait de produire à Fort-de-France. À 5 heures et demie du matin, il entendait la messe à la cathédrale, lorsqu'une immense clameur retentit au-dehors, tandis qu'une foule en désordre et à demi vêtue envahit l'église. Le ciel paraissait tout en feu ; une immense nuage, aux reflets rougeâtres, et sillonné d'éclairs, planait au-dessus de la ville. Bientôt, comme au 8 mai, et plus violente encore, tombe une grêle de pierres ; puis le nuage se dissipe, laissant Fort-de-France couvert d'une épaisse couche de cendres. Deux navires étaient en partance pour la Guadeloupe ; ils furent littéralement pris d'assaut.

Quelle traversée, mon Dieu ! écrit M. Garin, embarqué sur le *Salvador ;* nous sommes 560 sur un petit bateau en pleine réparation. Pas de vivres à bord, à peine une eau jaunâtre ! Tout le monde couche sur le pont, pêle-mêle, parmi les bagages. Pour empêcher le découragement, je récite le rosaire à haute voix ; avec moi tout le monde invoque Notre-Dame de la Délivrande et Notre-Dame de Bon-Port... Arrivés devant l'emplacement de St Pierre, je propose de dire le *De profundis*... Nous voyons cette nécropole éclairée par deux larges fournaises, et aussitôt une pluie de sable mouillé nous poursuit pendant trois quarts d'heure...

Il fallut la terrible éruption du 20 mai, et les ordres pressants de l'Administration pour décider le P. Mary à battre en retraite, traînant avec lui les vieillards et les infirmes. L'exode s'arrêta à la Grand'Anse. Le Père étant remonté le lendemain au Morne-Rouge, pour recueillir ce qu'il pouvait emporter de l'église et du presbytère, ses fidèles paroissiens s'élancèrent sur ses pas et regagnèrent leurs demeures, sous la menace perpétuelle du volcan. Notre confrère reprit alors sans peine sa vie de dévouement. Et certes il en fallait pour faire face à tout, subvenir aux besoins de ce peuple dénué du nécessaire, et dont il était constitué, disait-il gaiement, « médecin de l'âme et du corps, pharmacien, intendant des vivres, Père et presque maire. »

Le 26 mai, s'embarquait à Bordeaux, sur le *Labrador*, Mgr de Cormont, évêque de la Martinique, accompagné du P. Malleret, pour aller consoler la population et aviser aux moyens de lui venir en aide. Ils arrivent à la Pointe-à-Pitre le 7 juin, sous un ciel brumeux, dont la teinte blafarde déconcerte la vieille expérience du commandant.

La veille, écrit le P. Malleret, un télégramme de Ste-Lucie annonçait qu'une pluie de cendres avait couvert le steamer *l'Eden*, du Royal-Mail, au sortir de Fort-de-France. On avait entendu, vers le sud, de formidables détonations ; le câble était rompu ; aucune nouvelle de la Martinique. Aussi quelle anxiété !

C'est sous cette impression que nous sommes partis de la Basse-Terre, vers 2 heures du matin. A 7 heures, nous étions en face du Mont Pelé... Les anfractuosités de la montagne, que la verdure ne masque plus, font ressortir encore le spectacle affreux de ce versant désolé....

Quelques jours après notre arrivée, nous profitons de la gracieuseté du gouverneur, qui met un vapeur à la disposition de Monseigneur, pour aller sur les ruines de Saint-Pierre. Nous débarquons sur la place Bertin, à côté du Sémaphore, dont le soubassement seul a résisté. De là, franchissant les décombres, et parfois les cadavres, nous arrivons à la cathédrale, au seuil de laquelle Monseigneur donne une absoute générale. Sur les degrés, renversée la face contre terre, gît la statue de N. D. de Bon-Port, qui dominait la façade.

L'évêché, le presbytère et tout le fond du Mouillage sont plus dévastés que le centre de la ville, protégé par le Morne-Abel...

Du Mouillage, le bateau nous conduit en face du volcan, admirablement dégagé, et qui, par deux bouches, vomissait d'énormes volutes de fumée blanche, sur laquelle les flammes projetaient de sinistres lueurs.

Le soir, accompagné de M. Parel, je me rends sur l'emplacement du Collège, où l'on accède par une pente douce, en marchant sur la cendre mêlée de boue et déjà durcie, qui recouvre tous les décombres. La terrasse où s'élevait la chapelle, est facile à reconnaître. Nous nous arrêtons au-dessus de l'abside, pour réciter les prières liturgiques, et jeter un peu d'eau bénite sur nos chères victimes : ces confrères qui me laissent le souvenir d'un dévouement à toute épreuve, joint au charme de la plus aimable fraternité; ces religieuses, si vaillantes et si bonnes, dont le martyre a couronné le sacrifice. Moment inoubliable que celui où, dominant notre chapelle, je faisais monter vers Dieu des prières que ratifiaient tous mes confrères en religion!... Je suis revenu une autre fois sur l'emplacement du Collège, et j'ai pu, à grand peine, retirer des cendres quelques souvenirs, comme un ciboire et un ostensoir, aplatis et à demi brûlés..

De la Basse-Pointe, nous nous dirigeons vers le Morne-Rouge. Le P. Mary, resté vaillamment à son poste jusqu'à ce jour, est à la Trinité, terrassé par la maladie. Les souffrances et les privations de tout genre ont fini par avoir raison momentanément de son énergique résistance. (*Lettre au P. Kieffer. — Lis de S. Joseph, oct. 1902.*)

Après avoir consolé et encouragé son peuple, distribué les aumônes qu'il avait apportées, Mgr de Cormont reprit le chemin de la France, au mois de juillet, pour faire un appel plus pressant à la charité publique ; le P. Malleret revint avec lui. Conformément aux instructions de la Maison-Mère, les confrères avaient été répartis entre les maisons des Antilles et des États-Unis. Les PP. Guyot et Bruno, ainsi que le P. Mary, restaient provisoirement à la Martinique.

Eruption du 30 août, Vue prise du Parnasse à 1 heure de l'après-midi.

IV

CATASTROPHE DU 30 AOUT

Destruction du Morne-Rouge. Mort du P. Mary.

Le P. Mary, miné par la fièvre, et l'estomac délabré par le régime auquel il était soumis, avait quitté le Morne-Rouge, vers le milieu du mois de juin. Grâce au dévouement de M. l'abbé Duret, curé de l'Ajoupa-Bouillon, il parvint, quoique à grand'peine, jusqu'à la Trinité, où le Dr Dartiguenave lui prodigua ses soins et le fit hospitaliser. Quelques jours après, il pouvait enfin se mettre en route pour Fort-de-France, et il fut admis d'urgence à l'hôpital militaire.

Quinze jours à peine s'étaient écoulés qu'il put en sortir, et déjà il songeait à retourner à son poste; mais la situation toujours menaçante du volcan exigeait de la prudence, et l'Administration diocésaine ne lui permit que de faire de courtes apparitions au Morne-Rouge, durant le mois de juillet et au commencement du mois d'août. Plusieurs éruptions assez sérieuses avaient eu lieu, en effet, dans l'intervalle.

Ces menaces du volcan n'empêchèrent pas les populations du Nord, réfugiées dans diverses localités, de regagner leurs cases abandonnées, surtout à la suite d'une mesure des autorités, supprimant les distributions de vivres à partir du 15 août.

Le P. Mary célébra la fête de l'Assomption dans l'église de la Délivrande. Il redescendit ensuite à Fort-de-France, pour prêcher une petite retraite aux Sœurs de St-Joseph de Cluny. Le 21, il était de retour dans sa paroisse, résolu cette fois à attendre les événements. Le dimanche 24, il eut encore la consolation d'y célébrer la fête du St-Cœur de Marie, si chère à la Congrégation. Le P. Guyot, qui était venu le rejoindre de l'Ajoupa-Bouillon, prêcha devant une assistance assez nombreuse.

Quelle joie pour mon pauvre cœur chiffonné, écrivait ensuite le P. Mary à M. l'abbé Parel, d'avoir au moins un confrère pour célébrer notre fête patronale, autrefois si belle, si harmonieuse, aujourd'hui relevée seulement par nos décors antiques, par nos vieux chantres à la voix chevrotante, et par deux survivants de la catastrophe! *(Lettre du 28 août.)*

Le P. Mary revit son confrère, pour la dernière fois, le 29 août, à l'Ajoupa-Bouillon, et remonta le soir même au Morne-Rouge.

Dans la nuit du 25 au 26 août, la poussée volcanique qui, depuis le commencement du mois surtout, avait une tendance à se déplacer vers le Sud-Est et à se rapprocher du Morne-Rouge, projeta, avec une intensité formidable, son nuage de feu sur les contreforts de la montagne située en face du bourg. (1)

A partir de ce moment, ce fut une angoisse continuelle. Les trépidations du sol étaient incessantes; les mugissements du volcan s'accentuaient, la nuit était éclairée par une sinistre colonne de fumée, aux reflets d'incendie, et zébrée d'éclairs.

En présence de si terribles menaces, le P. Mary essaya dit-on, de mettre sa population à l'abri du fléau suspendu sur sa tête; il fit même sonner les cloches, pour réunir les paroissiens et organiser la retraite; mais il se heurta à une sorte d'insensibilité, causée à la fois par l'attachement au sol natal, et l'habitude d'un long contact avec le danger. Son peuple voulait rester; le Père ne pouvait l'abandonner.

Le samedi 30 août, vers midi et demi, le cratère qui, dès le matin, projetait d'énormes masses de vapeurs, devint tout-à-coup plus menaçant. A chaque instant, des poussées se produisaient sur le versant Est de l'île. Une panique jeta les habitants dans l'église; et, comme toujours, leur vaillant curé était là, exhortant, encourageant, priant surtout.

---

(1) M. Lacroix estime que cette déviation serait due à la formation, au centre du cratère, toujours ouvert sur le versant, d'un cône central très élevé, obligeant les projections à se déverser dans cette direction.

Quelques heures après, un calme relatif avait succédé à la tourmente.

A 8 heures et demie, le Père était monté dans sa chambre, songeant à prendre un repos bien mérité, après les alertes des jours passés. Tout à coup, les détonations recommencent, et elles se succèdent avec une effrayante rapidité. Une grêle de pierres s'abat sur le toit vermoulu du presbytère, bientôt défoncé par les projectiles. Le P. Mary essaie tout d'abord de se protéger contre la chute des pierres et l'envahissement d'une vapeur brûlante qui pénètre par le toit. Au même instant des clameurs retentissent au dehors, on accourt à l'église, déjà le feu apparaît à l'extrémité du bourg. La place du pasteur est au milieu des siens ; il s'élance du presbytère à l'église. Mais, dans le trajet d'une dizaine de mètres qui l'en séparent, il est inondé de flots de vapeur, et comme plongé dans l'eau bouillante. Horriblement brûlé, à demi asphyxié, il peut cependant pénétrer dans l'église et vient retomber sur un banc, au pied de la statue de N.-D. de la Délivrande. (1)

Au dehors, le porche de l'église est encombré de morts et de mourants, et l'horrible avalanche de vapeurs embrasées continue son œuvre. De place en place, les maisons s'enflamment : le presbytère, le couvent de la Délivrande, presque toutes les villas qui bordent la route, ne sont bientôt plus qu'un amas de cendres. Mais l'église reste debout, malgré son toit d'aissantes facilement inflammables. Des roches énormes ont défoncé une partie du toit. Les vitraux sont brisés, les peintures effacées, les colonnes mêmes ébranlées. L'édifice et son clocher monumental dominent encore cette scène d'horreur.

Un peu après minuit, l'éruption projette ses dernières lueurs. Plusieurs personnes, enfermées dans leurs maisons,

---

1) Lui-même a raconté, avant de mourir, qu'à la porte de l'église il rencontra un employé de M. Carassus, maire du Morne-Rouge, Arcade, dont le dévouement, depuis le 8 mai, avait été héroïque. Affreusement brûlé, lui aussi, il demanda au Père à se confesser, et en reçut l'absolution, récompense suprême de son dévouement.

ont pu échapper au désastre, éprouvant à peine un commencement d'asphyxie. Après les mortelles heures d'angoisse qu'elles viennent de passer, leur premier soin est de courir dans la direction de l'église, dont la masse se distingue nettement au-dessus des ruines. Le presbytère n'existe plus : qu'est devenu leur bon Père ?

Sans hésiter, elles pénètrent dans l'église, s'agenouillent aux pieds de N.-D. de la Délivrande, dont la statue noircie est encore debout sur son piédestal, comme à la suite du cyclone. Et voici qu'à côté de cette statue elles reconnaissent leur curé, étendu sans mouvement. On lui parle, il répond avec peine ; sa première pensée est pour les victimes. Et alors se passe une scène admirable d'héroïsme. Dans une maison voisine, épargnée par le feu, on dépose autour du bon Père les blessés qui jonchent les abords de l'Église ; d'une voix éteinte il les excite au repentir, à l'espérance ; et son bras défaillant trouve encore la force de se lever sur leurs têtes, pour une dernière absolution. Bien plus, il se fait apporter les saintes Huiles : on lui soutient la main ; et il administre aux mourants l'Extrême-Onction.

Ce n'est qu'au point du jour qu'on put organiser le sauvetage, et songer à fuir ce bourg désolé, où l'on ne trouvait pas même une goutte d'eau à donner aux blessés. Tous ceux qui pouvaient être transportés furent dirigés vers le Fond-St-Denis, où l'on attendait les secours demandés dès le matin à Fort-de-France. La triste caravane se mit en marche, vers 9 heures du matin, par des chemins affreux. Le P. Mary était porté dans un hamac, et supportait sans aucune plainte ses atroces douleurs. Un médecin qui se trouvait au Fond-St-Denis fit aux blessés un pansement sommaire.

M. l'abbé Calo, vicaire à Fort-de-France, envoyé par M. Parel, avait amené une voiture. Le P. Mary y est déposé ; et au milieu des cahots des chemins défoncés, il accomplit cette dernière et douloureuse étape. La voiture, partie à 8 heures, ne parvint à Fort-de-France qu'à 2 heures du matin. A l'hôpital militaire, où le mourant fut installé, vinrent le rejoindre le P. Bruno, accouru du François, et le F. Gérard.

Éruption du 30 Août. Vue prise du Calvaire à 7 heures du matin.

Le P. Mary avait fait dans le trajet sa dernière confession ; il reçut dans la matinée les derniers sacrements avec une foi admirable, offrant sa vie pour le salut de la Martinique.

Le martyr se meurt, écrit le P. Bruno, il se meurt victime de son dévouement et de son amour des âmes. Il est horriblement brûlé, la figure est méconnaissable, tant elle est enflée. Je viens, avec le F. Gérard, de réciter les prières des agonisants. Des soubresauts terribles soulèvent sa poitrine ; nous nous attendons à le voir passer d'un moment à l'autre ; l'asphyxie gagne, et le râle se fait plus rauque...

« *10 heures 45.* — Après une dernière absolution, qu'il semblait attendre, le bon Père vient de mourir... Quelle agonie !... Mais, comme notre vénérable Fondateur a dû accueillir son fils, dont toute la vie a été comme la sienne : Ferveur, Charité, Sacrifice ! »

Les funérailles qu'on lui fit le lendemain, à la cathédrale, revêtirent le caractère d'un véritable triomphe. M. l'abbé Parel, Administrateur, s'était hâté de revenir du Nord, pour les présider, entouré d'un nombreux clergé. Toutes les classes de la société étaient représentées dans la multitude qui remplissait la vaste église. Les paroissiens du Morne-Rouge échappés au désastre ne voulurent céder à personne l'honneur de porter le cercueil de leur dévoué pasteur. Mais pardessus tout, les larmes et les lamentations des pauvres, pour lesquels il s'était dévoué, lui faisaient le plus touchant des cortèges ; et nombreuses étaient les voix, qui, du sein de la foule, dans la manifestation spontanée de leur douleur et de leur admiration, lui décernaient le nom de *Saint.*

Son corps repose dans le caveau des Frères de Ploërmel ; celui des prêtres ne pouvait être ouvert, à cause d'une sépulture récente.

Daigne le Ciel, touché par le sacrifice des victimes de ces épouvantables catastrophes, sauver la Martinique !

Nota. — La presse catholique a trop facilement accueilli certains racontars mis en circulation par le *Courrier de Bruxelles* et propagés ensuite de Belgique en Allemagne. M. l'abbé Parel, et Mgr de Cormont, dans *La Croix;* le P. Malleret, dans *L'Univers* du 9 août et le *Lis de St-Joseph* du mois de novembre; le P. Sébire, dans les journaux belges, ont fait justice de ces assertions gratuites concernant de prétendus sacrilèges qui auraient précédé la catastrophe. Il n'est pas inutile de rappeler ici ces démentis.

NÉCROLOGIE

LE P. LE GALLO

C'est à N.-D. de Langonnet (Morbihan) que le P. Jean Le Gallo trouva la grâce de sa vocation ecclésiastique et religieuse. Né le 19 janvier 1852, dans une paroisse des environs, au village de Kersalic en Tugdual, il perdit son père à l'âge de 4 ans et fut envoyé de bonne heure par sa pieuse mère au collège de Langonnet. Ce fut là qu'il fit sa première communion et reçut la confirmation. Admis après sa rhétorique au séminaire colonial, il y fit sa philosophie; mais il ne se trouvait pas là dans son élément et rentra dans sa famille. Ses anciens directeurs de Langonnet, le R.P. Libermann et le P. Lejeune, l'appelèrent alors au collège, pour lui confier la fonction de surveillant des grands; il la remplit à la satisfaction de tout le monde, même des élèves, dont il savait se faire aimer, tout en veillant au maintien de la discipline. L'année suivante, il passait au grand scolasticat, où il prit l'habit religieux le 10 mai 1877. Il était désormais dans sa voie, il y marchera avec constance et fidélité. Ordonné prêtre à Paris le 21 décembre 1878, il faisait sa profession à Chevilly le 24 août de l'année suivante, et prononçait les vœux perpétuels au Séminaire-Collège de la Martinique le 4 octobre 1882.

C'est dans cette colonie que se sont écoulées à peu près entièrement les 22 années de la vie religieuse du P. Le Gallo; et, chose à remarquer, sur ces 22 ans, il en a passé 13 dans la fonction, aussi importante que difficile, de surveillant des grands. C'est qu'il la remplissait, on peut dire, à la perfection, grâce à son tact et à son dévouement. En 1893, cependant, on le déchargea de ce pénible emploi, pour lui confier la classe de huitième; mais il était en même temps directeur des Sœurs et des enfants de l'Ouvroir, et vicaire de la Consolation. Enfin, en 1898, il fut chargé, comme curé, du soin de cette paroisse. On verra par les lignes suivantes quel pieux et excellent souvenir a laissé le cher défunt, parmi tous ceux qui l'ont connu.

Le P. Le Gallo, dit la *Semaine religieuse de Vannes* dans une courte notice publiée à sa mort, était un de ces heureux caractères qui gagnent facilement toutes les sympathies. Déjà, dès Langonnet, ses condisciples, charmés de sa gaieté, de son entrain, de son plaisir à rendre service, ne l'appelaient que le *bon Jean Le Gallo*. Il en fut de même à la Martinique, au rapport de ses anciens supérieurs, les PP. Philippe Kieffer et Veillet. Les élèves particulièrement le chérissaient.

La surveillance qu'il avait longtemps exercée lui avait donné une très grande expérience des jeunes gens. Il excellait dans l'art d'unir la fermeté du maître à la bonhomie du grand-papa.

Aussi, beaucoup d'entre eux, à leur sortie de la maison, ne voulaient pas d'autre confesseur; et il est arrivé souvent que des pères de famille, charmés des relations qu'ils avaient eues avec lui, à l'occasion de leurs enfants, allaient le trouver pour se préparer à leurs Pâques.

L'un des doyens du Séminaire-Collège pour l'ancienneté, il montrait envers tous une charité remarquable et se plaisait à rendre service. Il était aux petits soins pour les nouveaux arrivés. Voyait-il un Père ou un Scolastique fatigué, il s'offrait spontanément à le remplacer.

Dans les délassements des jours de congé, il était un des boute-en-train. Aussi était-il universellement aimé parmi le clergé de la colonie, comme dans la Communauté.

Tout dévoué pour les petits et les pauvres, il s'occupait avec zèle de l'humble ouvroir des jeunes orphelines des Sœurs de St-Paul, voisin du Séminaire. C'était son œuvre de prédilection. Il avait aussi apporté de tout temps un généreux concours au ministère paroissial de la Consolation. Aussi, à la mort du P. Hostier, parut-il tout naturellement indiqué pour prendre sa succession. Il savait, du reste, parfaitement le créole. C'est à lui que s'adressaient de préférence les personnes de la campagne qui ne savaient pas le français.

Les rares loisirs que lui laissaient des fonctions si absorbantes et si variées, le P. Le Gallo les employait encore très utilement. Il avait la spécialité du greffage des manguiers. Aidé d'un noir, on le voyait suant à grosses gouttes, sous le chaud soleil de la Martinique, installer des sauvageons dans des nœuds de bambou et les fixer au haut des arbres. Il expédiait des sujets greffés jusqu'aux extrémités de l'île, et même dans d'autres colonies; et il était heureux de consacrer le produit de son travail supplémentaire à l'embellisement de la chapelle.

« Je souscris pleinement, ajoute le P. Malleret, au témoignage des PP. Kieffer et Veillet, en faveur du cher P. Le Gallo. Je dois dire, en outre, qu'il fut toujours pour moi l'homme de bon conseil. Réservé, prudent, modéré dans ses appréciations, mais guidé par un bon sens qui n'excluait pas une grande finesse d'observation, le *bon Père,* comme chacun se plaisait à l'appeler, était toujours à même de donner un avis précieux dans les situations les plus délicates. Il avait été pour moi un charmant confrère ; j'étais heureux de l'avoir comme assistant. Aussi, lui avais-je laissé avec une entière confiance la direction de la Communauté, lors de mon départ, le 11 avril 1902. Les renseignements recueillis prouvent qu'il a été jusqu'au bout à la hauteur de sa tâche. Comme on l'a vu plus haut, dès le 5 mai, il avait engagé tous les Pères non retenus par un ministère, à se retirer sur divers points de l'île. Pour lui, il restait à son poste, face au danger ; et c'est là que la mort l'a surpris dans l'accomplissement de son devoir. »

LE P. FRINAULT

Auguste Frinault naquit le 29 octobre 1846 à Rosporden, au diocèse de Quimper, d'une famille profondément chrétienne, qui a donné à l'Église plusieurs prêtres et religieuses. Ses parents, qui étaient originaires du Morbihan, revinrent plus tard s'y fixer, et l'envoyèrent au petit séminaire de Sainte-Anne, en 1859, au moment où son frère aîné venait d'y terminer ses études. Admis comme postulant à N.-D. de Langonnet le 15 septembre 1867, il y fit sa rhétorique. L'année suivante, il passait à Chevilly, où il fut reçu comme scolastique titulaire en la fête de N.-D. des Sept-Douleurs (20 septembre 1868.)

Ordonné prêtre en 1872, au commencement de son noviciat, il émit ses premiers vœux le 24 août 1873, et reçut aussitôt sa destination pour le séminaire-collège de la Guadeloupe, où il fut successivement professeur de troisième, de seconde et de rhétorique, en même temps que préfet des études. Il a rempli durant vingt-cinq ans cet emploi fatigant, sans autre répit que de courtes apparitions en France en 1886 et en 1894, pour y rétablir sa santé fortement ébranlée par le climat brûlant des Antilles. En 1899, il revint de nouveau dans la mère-patrie, où il dut faire alors un séjour plus prolongé. Enfin, au bout d'un an, il se rembarquait à St-Nazaire, le 9 septembre 1900, mais cette fois pour le séminaire-collège de Saint-Pierre (Martinique), qui allait bientôt devenir son tombeau.

Le P. Frinault avait émis les vœux perpétuels à la Guadeloupe, dès l'expiration de ses premiers vœux. Fidèle à sa règle, il était de ceux que la mort ne saurait prendre au dépourvu. Dans une de ses dernières lettres à sa sœur religieuse, il disait : « A nous de profiter du temps, pour augmenter notre petit trésor de mérites. Agissons aujourd'hui ; demain nous n'aurons peut-être plus la même force de sacrifice. Courage et bon espoir : après l'épreuve, ce sera la récompense ! » — Espérons que ces paroles se seront réalisées pour notre cher confrère.

LE P. FUZIER

Né le 18 octobre 1853 à Montlaur, diocèse de Rodez, Jean-Prosper Fuzier fit ses études classiques au Collège de Saint-Affrique (Aveyron), dirigé par les Pères Jésuites. Le souvenir de ses anciens maîtres le suivit au grand séminaire de Rodez ; et, après sa philosophie, il sollicita son entrée dans la Compagnie de Jésus, où il demeura quelques années comme scolastique.

Rendu à la liberté, à la suite des décrets d'expulsion de 1880, il alla faire sa théologie au séminaire de St-Sulpice à Paris, où il fut ordonné prêtre le 19 mai 1883 ; et, l'année suivante, il se présentait au noviciat de Chevilly. Admis à la profession le 4 octobre 1885, il fit ses vœux perpétuels le 29 août 1893. Il avait pour les études philosophiques un attrait et des aptitudes spéciales. Aussi fut-il successivement chargé du cours de philosophie à Mesnières (1885-1892) ; à Castelnaudary (1892-1894), et enfin au séminaire-collège de la Martinique, où il fut envoyé le 10 octobre 1894. Avant son départ, il avait préparé pour le congrès scientifique international, tenu par les catholiques à Bruxelles, un travail sur la preuve de l'existence de Dieu par saint Anselme, dont *L'Univers* et *Le Monde* parlèrent avec éloges. (B. IV. 778.)

« Le P. Fuzier, dit le P. Philippe Kieffer, son ancien supérieur à la Martinique, semblait ignorer le besoin de délassement. On le trouvait toujours occupé. Ses promenades même avaient habituellement un but utile ou charitable : il préchait volontiers des missions ou des retraites. Ce ministère surérogatoire, s'ajoutant à sa classe de philosophie et à une aumônerie, qu'il cumulait ordinairement avec ses fonctions de professeur, lui donnait un travail ininterrompu, assurément très méritoire sous le chaud climat de la Martinique. Il y suffisait en se rendant très économe de son temps. Pendant les deux ans que je l'ai connu, il n'a jamais fait la sieste, qui pourtant semble à peu près indispensable à d'autres ; on le voyait, à ce moment, se promener à l'ombre d'un bâtiment, en disant son bréviaire ou en feuilletant un livre. »

Cette mortification, il la pratiquait aussi dans la nourriture. On l'a vu rarement prendre quelque chose entre les repas ; il était notamment très sobre dans l'usage de ces rafraîchissements qu'on est si souvent sollicité de prendre aux Antilles. « Nature un tant soit peu originale, ajoute le P. Veillet, bibliophile émérite, pour ne pas dire bibliomane, le P. Fuzier était un religieux plein de piété, et d'un zèle remarquable pour l'instruction, le ministère apostolique, sous quelque forme qu'il se présentât. Il se serait même lancé dans les luttes de la presse, si l'obéissance ne l'eût retenu.

Pendant le voyage que nous fîmes ensemble, en nous rendant de France à la Martinique, en 1894, il se fit à bord et durant toute la traversée, le catéchiste de plusieurs petits enfants que les mamans lui avaient confiés pour les instruire une heure par jour. L'étude et le travail étaient comme un besoin pour son ardente activité.

Le jour de l'engloutissement, par le volcan, de l'usine Guérin, le lundi 5 mai, le P. Fuzier, se rendit au lieu du sinistre, avec le P. Schott et le P. Bruno ; ils purent donner l'absolution à quelques-unes des victimes. Le 7 au soir, il devait aller confesser à Fort-de-France. Il manqua le bateau ; et c'est ainsi qu'il fut enveloppé dans la terrible catastrophe du lendemain. (Lett. du P. Bruno, 21 mai 1902.)

LE P. CHASSAGNOL

Comme plusieurs de nos confrères, c'est au petit Séminaire de St-Sauveur que le P. Benoît Chassagnol puisa la grâce de sa vocation. Né à St. Martin-des-Olmes (Puy-de-Dôme) le 16 avril 1864, il fut envoyé à Cellule en cinquième, après quelques leçons de latin données par le vicaire de sa paroisse. A la fin de sa troisième, il fut sur sa demande, admis au petit scolasticat, où il reçut le saint habit, des mains du P. Hubert, le 4 juin 1881. Il terminait alors sa rhétorique. Au grand scolasticat, où il passa ensuite, sa vocation eut à subir d'assez rudes assauts. Un jour même il s'enfuit découragé vers la Trappe. Il triompha cependant de ces épreuves et fit sa profession à Chevilly le 26 août 1888. Il avait reçu la prêtrise le 15 juillet précédent.

Placé d'abord comme professeur à Castelnaudary, il fut envoyé en 1893 au petit Séminaire de Port-au-Prince, en Haïti, d'où il passa à la Martinique en 1897. Rentré en France le 15 août 1900, il resta une année à l'institution de N. D. d'Espérance de Merville; et enfin, le 9 septembre 1901, il se rembarquait courageusement à St-Nazaire pour le Séminaire-Collège de Saint-Pierre.

« Le P. Chassagnol, écrit le P. Malleret, était fort apprécié des familles et des élèves, comme professeur de grammaire. Il avait à lutter contre un caractère naturellement vif et impressionnable. Mais il était, d'ailleurs, toujours prêt à payer de sa personne, quand il fallait remplacer un confrère. Au moment de la catastrophe, il était aumônier de la Maison de santé. Sa gaieté, parfois exubérante, ne l'a pas abandonné jusqu'à la fin. Il relevait par sa bonne humeur le courage des Sœurs restées à leur poste; et c'est sans doute dans l'exercice de son ministère de charité que la mort l'a surpris. »

LE P. ACKERMANN

Le P. Achille Ackermann a passé dans la Congrégation 12 ans et 9 mois comme profès, et autant de temps à peu près comme aspirant. Né à Semersheim, au diocèse de Strasbourg, le 24 février 1863, il fut admis à l'âge de 14 ans, quelques mois après sa première communion, au Petit Scolasticat de N. D. d'Espérance de Merville. Il y avait été envoyé avec le P. Allheilig, par le vénérable curé de la paroisse, M. l'abbé Georges Willem, qui l'avait distingué parmi les enfants de son catéchisme par sa piété et ses talents. Le jeune postulant fut bientôt, en effet, à la tête de sa classe et couronna ses études par le diplôme de bachelier ès-lettres. Sa théologie achevée à Chevilly, il fut ordonné

L'église de N. D. de la Délivrande, au Morne-Rouge, le 2 Septembre

prêtre, le 28 octobre 1888, au commencement de son noviciat, dans la maison de Grignon, où l'on venait de s'installer l'année précédente, et admis à la profession le 15 août 1889.

Aussitôt après, il reçut sa destination pour la Martinique, où il a passé les 12 années de sa vie religieuse. Professeur de quatrième classique pendant huit ans, il fut chargé de la seconde en 1897, puis en 1899, on lui confia l'économat, avec le service de l'Hospice de St-Pierre.

Le P. Ackermann se distinguait par un esprit très net et une volonté toujours appliquée au travail. Sous une écorce un peu rude, il cachait un cœur d'or et une simplicité d'enfant, surtout vis-à-vis de ses supérieurs. Ainsi que la plupart des Pères de la Martinique, il joignait à ses fonctions de professeur quelque ministère extérieur, aidait à la surveillance ; et, ce surcroît de besogne, il l'acceptait volontiers. Avec cela, il dirigeait, comme utile distraction, la culture du jardin potager.

Dans les fonctions de l'économat, qui lui furent confiées les dernières années, le cher père a déployé de réelles qualités d'ordre et d'économie. Exact et soigneux, il s'appliquait à faire rentrer les créances avec un tact et une modération dont il ne se départait jamais.

Plein d'esprit de foi, il était d'une docilité absolue à l'égard de ceux qui possédaient l'autorité, et ne se permettait aucune initiative importante sans leur en référer. Ces qualités, il les devait aux habitudes foncièrement religieuses qu'il avait gardées de son temps de formation. Il était, du reste, régulier en tout, comme au Scolasticat, toujours à l'heure, toujours à son devoir. (Note des P. Kieffer et Malleret).

LE P. DÉMAËREL

Né le 19 octobre 1864 à Merkeghem (Nord), le jeune Démaërel (Albert-Alfred-Victor) entra au petit scolasticat de Merville un an après le P. Ackermann, et y reçut avec lui le saint habit, le 19 mars 1882, des mains du P. Vanhaecke, alors supérieur de la communauté. Ordonné prêtre à Grignon le 28 octobre 1889 et admis profès le 15 août 1890, il eut peu après son obédience pour la Martinique. Dès l'expiration de ses premiers vœux, il demanda et obtint les vœux perpétuels. Il les émit le 2 septembre 1893, entre les mains du R. P. Libermann, alors en visite dans la colonie.

Chargé d'abord du cours spécial de français, il fut ensuite nommé professeur de mathématiques dans toutes les classes. Par une méthode intelligente et rigoureuse, il éleva ces cours à un niveau très satisfaisant. Aussi la confiance des élèves, comme celle des familles, lui fut-elle justement acquise.

Son caractère agréable et le tact qu'il savait apporter dans ses relations lui firent également confier la charge si importante et si difficile partout, mais particulièrement à la Martinique, de préfet de discipline. Il s'en acquittait à la perfection. Il avait le don de dénouer les difficultés, sans rien briser, en arrangeant les choses pour le mieux. Sa justice était proverbiale, et ses décisions toujours acceptées ; car on les savait basées sur le droit, la vérité, et inspirées par le véritable intérêt des enfants. Aussi sous sa direction tout marchait-il au collège avec une union et un entrain qui faisaient véritablement plaisir.

Sa bonne humeur ne l'empêchait pas de comprendre la vraie piété. C'est à ce titre qu'il a été, pendant bien des années, chargé de la Congrégation de la sainte Vierge, où il a obtenu, eu égard à l'esprit et aux habitudes des jeunes Martiniquais, de très appréciables résultats. (Notes des PP. Kieffer et Malleret.)

LE P. HUYGHE

Orphelin de bonne heure, le jeune Huyghe (Ferdinand-Marie-Arthur-Félix) fut admis en 1884, à l'école apostolique des Clercs de Saint-Joseph à Beauvais, d'où il passa, deux ans après, au petit scolasticat de Merville. Il avait alors 16 ans, étant né le 3 mai 1870, à Hazebrouck. Admis au saint habit le 1er mai 1887, il s'attacha dès lors pour toujours d'esprit et de cœur à la Congrégation, devenue sa famille adoptive. Il demanda même quelque temps après à faire les vœux privés de religion. Ses études théologiques achevées, il fut ordonné prêtre à Grignon, par Mgr Augouard, le 28 octobre 1894 ; et, le 15 août de l'année suivante, il faisait avec joie sa profession religieuse.

Le P. Huyghe reçut d'abord sa destination pour l'établissement que l'on avait alors à Lima. Il se mit avec ardeur à l'étude de l'espagnol et bientôt fut à même d'exercer convenablement son ministère en cette langue. Mais trois ans à peine s'étaient écoulés que la Maison-Mère crut devoir abandonner l'œuvre commencée au Pérou. (B. VI, 44.)

Le P. Veillet, alors supérieur à la Martinique, ayant besoin d'un professeur d'espagnol, avait été autorisé à arrêter au passage un des Pères de l'ancien collège de Lima. « Prenez le petit P. Huyghe, lui dit le P. Bourbonnais, vous aurez en lui une *perle de religieux*. » En effet, ajoute le P. Veillet, ce cher Père ne tarda pas à se distinguer entre tous par les exemples de la plus parfaite régularité. D'une humilité admirable, il allait son petit train ; doux, paisible, silencieux évitant les contestations, et sympathique à tous.

Le P. Arthur Huyghe.

« Malgré son jeune âge et sa mine d'enfant, je lui confiai, avec le cours d'espagnol au collège, la charge d'aumônier du pensionnat des Sœurs de St-Joseph, charge qu'il a remplie jusqu'à sa mort à la satisfaction générale — « Le petit Père Huyghe, me disait une religieuse de St-Joseph, qui avait quitté Saint-Pierre le 3 mai, nous le tenons pour un saint. Je ne crois pas qu'il ait jamais fait un pas, jeté un regard, dit un mot de plus que ne le demandait son ministère dans la communauté. Son aspect, son maintien, sa modestie, tout en lui réflétait l'âme unie au bon Dieu. »

C'est sans doute à ce poste de confiance que lui avait donné l'obéissance, au pensionnat des sœurs de St-Joseph, qu'a succombé le cher P. Huyghe ; car, en sa qualité d'aumônier, il avait à y passer, chaque jour, la plus grande partie de la matinée. Et, comme l'a raconté une religieuse qui quitta St-Pierre l'avant-veille de la catastrophe, dans l'état d'angoisse continuelle où se trouvait la communauté, il se prodiguait aux âmes, pour donner à toutes les soins de son ministère.

« Sous une apparence fragile, écrit le P. Malleret, le P. Huyghe avait une volonté de fer. Elle s'est manifestée en maintes circonstances par une énergie étonnante à remplir tous les devoirs de sa charge, malgré le délabrement de sa santé. Et, c'est

dans l'exercice même de son dévouement, que le vaillant aumônier a dû tomber, au moment où il se préparait à célébrer la
sainte Messe, au milieu des 33 religieuses victimes de la catastrophe, sur lesquelles, peut-être, une dernière absolution aura,
dans la nuit du volcan, fait luire un rayon d'espérance et de
consolation. *(Lis de St-Joseph. Janvier et février 1903.)*

LE P. DUBAIL

Ce cher confrère était le neveu de Mgr Dubail, ancien vicaire
apostolique de la Mandchourie, et du P. Victor-François Dubail,
de notre Congrégation. Désireux de suivre ses oncles dans la
carrière apostolique, il entra le 13 septembre 1886 au petit scolasticat que l'on avait alors à Mesnières. Il n'avait encore que
13 ans; il était né le 21 janvier 1873 à Véthorcy, au diocèse de
Besançon. Reçu à l'oblation durant sa philosophie à Langonnet,
le 22 mars 1893, il dut, l'année suivante, rentrer dans sa famille, pour cause de santé. Il fut ensuite employé à Epinal, où on
lui confia des classes de français et d'allemand, avec une surveillance. Rappelé en 1896 à Grignon, pour y faire son noviciat,
il fut ordonné prêtre à Chevilly le 1er janvier 1898, fit le lendemain sa profession, puis, sa théologie achevée, prononça sa
consécration à l'apostolat, le 29 mai de la même année.

Destiné quelques mois après pour la Martinique, il y fut chargé de la classe de septième, ainsi que de la surveillance des ex-
ternes libres. Quoique ses goûts l'eussent plutôt porté vers l'exercice du saint ministère, il se dévouait généreusement à ses
modestes fonctions. Sensible et nerveux, il fut vivement impres-
sionné par les premières éruptions du volcan; il ne voulut
cependant pas quitter le séminaire-collège, et fut ainsi enveloppé
dans la catastrophe du 8 mai. A ses fonctions dans la maison,
le P. Dubail joignait celle de vicaire à l'église de la Consolation.
La paroisse du Marin, où il avait souvent aussi exercé son zèle,
rendit à sa mémoire un touchant hommage dans la célébration
d'un service auquel assista toute la population.

LE P. MARRER

Le cher Père Marrer, écrit le P. Malleret, était arrivé à la Mar-

Le bourg du Morne-Rouge le 2 Septembre.

tinique au mois d'octobre 1899 ; il n'y a donc passé que deux ans
et demi environ ; mais il a fait constamment l'édification de tous
ceux qui l'ont connu. La bonté et la charité étaient ses qualités
dominantes. Je ne crois pas qu'on lui ait jamais entendu dire
une parole désagréable à quelqu'un. Il prenait toujours gaiement les petites taquineries qu'on s'amusait à lui faire, et sa
douceur de caractère ne s'est jamais démentie. D'une piété angélique et d'une régularité parfaite, il offrait en tout le modèle du
bon religieux. Aussi lui avait-on confié, outre la classe de sixième,
la direction de la Congrégation des saints Anges, établie parmi
les jeunes enfants du séminaire-collège. Perclus de rhumatis-
mes, jamais les souffrances qu'il endurait ne lui firent retrancher
quoi que ce soit de l'observance ponctuelle de tous ses devoirs.

Il y a quelques mois, un accident assez grave mit encore
plus en relief son admirable patience. Il récitait son bréviaire
au jardin, lorsqu'un mouton, poursuivi par les chiens, vint
s'embarrasser dans sa soutane et le fit tomber à la renver-
se. On fut obligé de le relever et de le transporter à l'infirmerie.
L'enflure excessive de l'épaule ne permit pas de reconnaître immédiatement la gravité du mal. C'était une luxation, augmentée
d'une fracture, qui ne put être réduite que quinze jours après.
Il supporta les horribles souffrances qui précédèrent et accom-
pagnèrent l'opération avec une résignation, une bonne humeur
qui étonnèrent le médecin. On aimait ensuite à lui monter de
petites « scies » au sujet de son accident ; ainsi, le jour de l'an, on
lui offrit des moutons enrubannés, qui faisaient des *bè* en accords
très douteux ; il s'en amusa beaucoup tout le premier.

Né à Kœstlach, en Alsace, le 28 septembre 1871, Eugène
Marrer avait été attiré dans la Congrégation par son frère Alfred,
excellent scolastique, mais à qui sa mauvaise santé ne permit
pas de continuer ses études. Comme lui, il entra au petit scolasticat de Cellule, où il fut admis à l'oblation le 29 juin 1890. Reçu à la profession le 2 janvier 1898, il fut ordonné prêtre le 28
octobre de la même année et fit sa consécration à l'apostolat le 11
juillet de l'année suivante.

LE P. DURNY

Né à Bernardswiller en Alsace, le 3 avril 1873, Charles-Fran-
çois Durny entra chez les Petits Clercs de Saint Joseph, à Beau-

vais, à la suite de son frère Alphonse, qui après avoir été membre de la Congrégation et missionnaire à Maurice, est aujourd'hui religieux à la Trappe de Mortagne. Il passa ensuite au petit scolasticat de Langonnet, où il reçut l'habit religieux le 9 juin 1889. C'était une faveur particulière, car il n'était encore qu'en quatrième. Ses cours de théologie à Chevilly furent interrompus par deux années d'emploi à Seyssinet. Il fut heureux de se retrouver dans cette chère œuvre des Clercs de Saint Joseph, qui avait abrité sa jeunesse; et il y rendit de précieux services, comme surveillant et professeur. Rentré ensuite à Chevilly, il était appelé à la profession, à la prêtrise, à la consécration apostolique, en même temps que le P. Marrer; puis, comme lui, mais un mois avant, le 9 septembre, il s'embarquait pour la Martinique.

C'était, dit son supérieur, un sujet précieux par son exubérante activité, sa docilité à toute épreuve, et ses aptitudes multiples, qui permettaient de lui confier des emplois divers. Il était, en effet, surveillant des Grands, professeur de dessin, directeur de la musique, répétiteur, etc. Et à ces qualités s'ajoutaient chez ce jeune confrère un caractère enjoué et un entrain de bon aloi, qui le faisaient aimer des élèves, comme de tout le monde. C'était enfin un religieux pieux et fervent, homme du devoir avant tout. Aussi fut-il admis aux vœux perpétuels dès l'expiration de ses premiers vœux. Il les émit à Saint-Pierre le 15 février 1901.

Ses rares loisirs, il aimait à les consacrer aux travaux du saint ministère. Ainsi, en 1890 et 1891, il passa dans les paroisses du sud de l'île la semaine sainte et les vacances de Pâques, puis une partie des mois d'août et de septembre, prêchant, confessant, allant à cheval visiter les malades, porter aux mourants les derniers secours de la religion. On peut dire de lui avec confiance, comme de nos autres confrères : le bien qu'ils ont fait les aura suivis dans l'éternité: *Opera eorum sequuntur illos.*
(Lis de Novembre.)

LE P. SCHOTT

« Je suis né à Strasbourg le 11 juillet 1874, écrivait le jeune Henri Schott dans sa demande d'admission à l'Oblation. Dès mes plus jeunes années, je sentis un vif attrait pour les Missions. Un vicaire (M. l'abbé Antoine Debès, maintenant curé de

Frisenheim,) m'envoya chez les Petits Clercs de Beauvais, vers l'âge de 10 ans, avec un de mes frères, André Fernand. C'est là, dans le sanctuaire béni de St-Joseph, que je fis ma première communion. J'y restai trois ans, puis je passai au petit scolasticat de N.-D. de Langonnet; j'allai ensuite achever mes clas-

Le P. Henri Schott.

ses à Cellule, où je pris le saint habit le 29 juin 1890. Dès lors, le désir de devenir un bon missionnaire n'a cessé de grandir en mon cœur. »

Cependant, durant son séjour à Chevilly, la santé du jeune scolastique parut laisser à désirer; et on l'envoya pour ce motif à Castelnaudary, en 1895. Enfin, son noviciat achevé, il fit sa profession le 3 janvier 1898 à Chevilly, et fut ordonné prêtre le 28 octobre de la même année. Il reçut alors son obédience pour Cellule, où il fit sa consécration à l'apostolat le 14 avril 1899; et le 9 septembre suivant, il s'embarquait avec le P. Durny pour la Martinique. Il y fut chargé aussitôt de la classe de seconde. C'était, au témoignage de son supérieur, non seulement un excellent professeur, mais aussi un religieux fidèle et dévoué, c'est le meilleur titre pour l'éternité.

M. RAPPIN

Né le 6 février 1871 à Oudon (Loire-inférieure), où ses parents s'étaient momentanément retirés de Paris, lors de la guerre franco-allemande, Charles Rappin avait déjà 23 ans, quand, dégoûté du monde, il vint à notre Maison-Mère, en 1894, exprimer son désir d'embrasser la vie religieuse et apostolique. Il avait terminé ses études déjà depuis plusieurs années et avait le diplôme de bachelier. Après un an d'essai comme professeur à Beauvais, il alla faire son noviciat à Chevilly et fut admis aux premiers vœux de trois ans, à titre de scolastique, le 2 janvier 1898.

Sa vocation, cependant, paraissant avoir besoin d'être mûrie davantage, on lui proposa d'aller pour quelque temps comme professeur aux Antilles; il accepta volontiers, et s'embarqua pour la Martinique le 9 août 1901. Il n'était encore que minoré.

Dès son arrivée, il fut chargé des cours de sciences physiques et mathématiques, que faisait précédemment le F. Félix. Il s'acquittait fort bien, dit le P. Malleret, de cette charge difficile, à laquelle il joignait encore la surveillance des moyens en récréation et au dortoir. Intelligent, dévoué, plein d'entrain, il rendait à l'œuvre de grands services. Nous avons la confiance qu'il en aura trouvé la récompense au Ciel.

LE F. JOSEPH-AUGUSTE

Ce bon Frère, originaire de Plumaugat (Côtes-du-Nord), était d'abord entré à l'École apostolique de Beauvais, en 1881, dans la pensée de devenir prêtre. Il avait déjà près de 19 ans, étant né le 18 janvier 1863. C'était bien tard pour commencer le latin. On lui proposa donc, au bout de quelques mois d'essai, de passer au noviciat des Frères à Chevilly. Il en éprouva d'abord quelque peine; mais il suivit avec générosité et sans arrière-pensée les avis de ses directeurs; et, plus tard, en demandant les vœux perpétuels, il écrivait : « Parfois dans mes moments d'épreuve, je me suis demandé : si tu n'étais pas religieux que ferais-tu ? Et toujours je me suis répondu : avec la grâce de Dieu, je ferais ce que j'ai fait. »

Admis au saint habit le 8 septembre 1882, il fit la profession le 8 décembre 1883, et fut envoyé à St-Pierre et Miquelon, comme professeur du cours élémentaire. Ce fut là qu'il émit les vœux perpétuels le 2 février 1892. L'œuvre de l'île St-Pierre ayant été supprimée quelques mois après, il revint en France. Après une année passée à titre d'aide-comptable à la Maison-Mère, il fut placé à Cellule, comme surveillant et professeur de 5e moderne ; et enfin, le 9 septembre 1897, il s'embarquait pour le Séminaire-Collège de la Martiniqne, où il était à la fois professeur de huitième et surveillant.

Au témoignage de tous ses supérieurs, c'était un Frère vraiment dévoué, fermement attaché à la Congrégation, tout à son travail et à sa règle. Il doit se féliciter au Ciel d'avoir été généreux et fidèle daus sa sainte vocation. (*Lis de St-Joseph*, Déc. 1902.)

LE P. MARY

DÉCÉDÉ A FORT-DE-FRANCE LE 1er SEPTEMBRE 1902

A l'arrivée du jeune Mary, au petit scolasticat de N.-D. de Langonnet, le 27 septembre 1868, le P. Pellerin, qui en était alors directeur, résumait ainsi ses premières années. « Jules-Eugène Mary, né à St.-Dié (Vosges) le 29 juillet 1851, perdit son père à l'âge de trois ans, et six ans après, sa mère. Pris en affection par Mgr Caverot, alors évêque de St-Dié, il est admis par lui au nombre de ses enfants de chœur, lui sert la messe et reçoit des leçons de latin à l'évêché, tout en allant à l'école de Frères. A l'âge de 13 ans, le dimanche de la Passion, il fait sa première communion à la messe de Monseigneur, qui le place ensuite au petit séminaire de Châtel, où il est chargé du soin de la sacristie. Jusque là il avait été vif et revêche. Sa conduite fut dès lors irréprochable. Sa sœur aînée, maintenant religieuse de la Doctrine chrétienne, le formait à la piété. Voyant son vif désir de se faire missionnaire, son oncle, M. l'abbé Froment, aumônier de l'hôpital de Belfort, a sollicité son admission à Langonnet. »

Là, les pieuses dispositions du jeune postulant ne firent que se fortifier. Aussi reçut-il le saint habit huit mois à peine après son arrivée, le 16 mai 1869. Sur la fin de la même année, désirant se consacrer plus entièrement au service de Dieu, il demanda et obtint l'autorisation de faire les vœux privés de Religion. A la suite de la guerre franco-allemande, le grand scolasticat ayant été transféré à Langonnet, il y resta pour faire sa théologie. Ce fut dans la pieuse chapelle de l'antique abbaye qu'il reçut le sous-diaconat, le 18 février 1875, des mains de Mgr Fava, qui venait après une longue vacance du siège, d'être nommé évêque de St-Pierre et Fort-de-France. A la fin de cette année, il vint au St-Cœur de Marie pour son noviciat, reçut la prêtrise à Paris le 18 décembre 1875, et fit sa profession le 27 août de l'année suivante.

Le P. Mary reçut aussitôt son obédience pour la Martinique, où devaient s'écouler ses 26 années de vie religieuse et apostolique. Attaché de cœur et d'âme à sa vocation, il voulut sans retard se consacrer à Dieu pour toujours par les vœux perpétuels. Il les émit le 6 janvier 1882. Le P. Grasser, alors supérieur principal de nos maisons de la Martinique, rendait de lui, à cette occasion, ce témoignage à la Maison-Mère : « Le P. Mary est d'un caractère aimable et très facile dans les rapports avec ses confrères ; d'un parfait attachement à la Congrégation, pieux, très régulier. »

Il avait d'abord été placé au Séminaire-Collège de St-Pierre, où il fit successivement les classes de septième, de sixième, et de quatrième. Bon professeur, il était apprécié des familles et aimé des élèves ; mais il n'avait pas assez d'ascendant sur eux, à cause de sa grande bonté ; ses aptitudes, comme ses attraits, le portaient plutôt vers le ministère. Aussi, au départ du P. Mathurin Picarda, en avril 1883, fut-il choisi pour lui succéder au Morne-Rouge, comme vicaire du P. Blanpin. Puis, à la mort du vénérable vétéran des missions coloniales, en 1890, il fut chargé de le remplacer à la fois comme curé de la paroisse, directeur du pélerinage et supérieur de la communauté. Depuis lors, la vie du bon P. Mary, dans les joies et les épreuves, les deuils et les fêtes, se confond avec l'histoire du pieux sanctuaire de N.-D. de la Délivrande. Nous nous bornons à en retracer ici les traits les plus saillants.

La situation du P. Mary au Morne-Rouge, nous dit le P. Kieffer, son ancien supérieur à la Martinique, était assez délicate, par suite du mélange de la population, composée en très grande partie de Noirs, mais comprenant aussi un bon nombre de gens de couleur ou de Blancs, qui s'y trouvaient en villégiature. A l'exemple du vénéré P. Blanpin, il avait une prédilection marquée pour la partie la plus humble de son troupeau, mais il sut néanmoins toujours se concilier l'estime et la confiance de la classe élevée. Il était regardé par tous comme un saint prêtre, édifiant ceux avec lesquels il se trouvait en relation, par son esprit de foi, de renoncement à lui-même, de charité pour le prochain. (1)

Administration des sacrements, offices et solennités, œuvres paroissiales, soin du temporel, visite des malades, réunions de persévérance, il menait de front tous ses devoirs et avec le même succès. Sa prédilection se portait surtout vers les catéchismes, soit des enfants, soit des adultes après les travaux de la journée, vers le tiers-ordre de Saint François et les vieillards pauvres, qu'il recueillait dans l'établissement de Nazareth.

Mais là surtout où s'est manifesté avec éclat le zèle actif du vaillant curé du Morne-Rouge, c'est dans la restauration de son église. Le P. Veillet, qui était alors son vicaire, et qui plus tard devint le supérieur principal de nos maisons de la Martinique, nous transmet à ce sujet les lignes suivantes.

Le P. Mary fit ses premières armes à N.-D. de la Délivrande, sous la direction du vénéré P. Blanpin, ce missionnaire d'une piété angélique, que l'on venait de loin contempler dans ses longues heures de prières et d'adoration devant le Tabernacle; et, après quelques années de vicariat, il recueillait sa difficile succession. C'était un an à peine avant le terrible cyclone qui devait ravager l'île, et tout particulièrement le Morne-Rouge.

---

(1) Le Morne-Rouge était en même temps un lieu de délassement pour les Pères du Séminaire-Collège, qui y montaient fréquemment afin de se reposer des fatigues du professorat. Le bon P. Mary était vraiment heureux d'accorder à tous une large et fraternelle hospitalité. C'était avec lui la vie de famille, dans ce qu'elle avait de plus réconfortant pour le cœur, mais toujours suivant la plus stricte régularité. Les excercices de piété se faisaient aux heures fixées; il était toujours le premier à en donner le signal et l'exemple; et, à la fin de la journée, on allait aux pieds de N.-D. de la Délivrande dire la prière du soir avec les pieux fidèles de la paroisse.

Cette nuit lugubre du 21 août 1891, où il échappa comme par miracle à la mort, il la passa tout entière à courir à travers les ruines amoncelées, pour absoudre les agonisants, retirer les blessés de dessous les décombres, les transporter sur son dos. Il lui fallut aussi assister les survivants, qui manquaient de tout. Il organisa aussitôt le travail de déblaiement des ruines de l'église, entreprit la construction d'une chapelle provisoire, devenue plus tard « l'abri Saint-Joseph, » à l'usage des pèlerins; et procura à ses paroissiens nécessiteux le moyen de rebâtir leurs demeures. Il n'oublia que lui-même : si bien que son presbytère, décapité jusqu'au rez-de-chaussée, n'était encore, dix ans après le cyclone, qu'une vieille masure, du plus misérable aspect. « Ce sera l'affaire de mes successeurs, » disait-il, quand on lui parlait en plaisantant de ce provisoire, qui menaçait de devenir éternel.

Un peu après, sur les désirs de Mgr Carméné, qui avait à cœur la reconstruction du sanctuaire de N.-D. de la Délivrande, il commence à travers l'île entière cette tournée légendaire de quêteur infatigable, qu'il continue toute une année, à pied ou à cheval, par le soleil ou la pluie, à travers tous les mornes de la colonie, dans les plus humbles cases des travailleurs, nègres ou métis, comme dans les habitations des propriétaires, tendant à tous la main, au nom de la très sainte Vierge, et rentrant le soir, après huit où dix heures de ces excursions, brisé, rompu, et rapportant parfois pour tout butin 1 fr. 50. Il faut avoir vu de près les choses de la Martinique, pour se faire une idée de la somme d'énergie physique et morale qu'il a fallu dépenser dans une pareille entreprise. C'est avec le produit de ces quêtes, au total assez fructueuses, qu'il commença les grands travaux de restauration de son église. Mais s'il eût fallu payer toute la main d'œuvre, ses ressources eussent été bien vite épuisées. Par de chaleureux appels à la foi de ses paroissiens, composés en grande partie de pauvres, il les amène à faire des corvées gratuites et volontaires. Six mois durant, on eut alors au Morne-Rouge un spectacle vraiment digne de ces anciens âges qui ont bâti nos merveilleuses cathédrales. Des escouades d'hommes, de femmes, de vieillards, de jeunes gens, de jeunes filles, venus de tous les coins de la paroisse, se rassemblent au jour fixé devant le presbytère, sur la place de la future église, pour aller à la carrière, distante de près d'un kilomètre. La messe dite, le bréviaire récité, le Père apparaît, armé de son fameux cor de chasse; et, prenant la tête de la bande de ces travailleurs volontaires, il s'en va, sonnant vigoureusement la charge, sur l'air d'un cantique

populaire, entraînant après lui tout ce peuple, comme électrisé
par son exemple et par le son militaire du cor ou du clairon. Une
fois sur le théâtre des travaux, on le voit maintenir l'ardeur dans le
va-et-vient des transports, se prodiguer, se multiplier, modérant
les uns, stimulant les autres, donnant ici une parole d'encourage-
ment, là apaisant une querelle d'enfants, aidant au chargement
d'un fardeau. Il n'y aura à se faire une idée de cette vie de
surmenage, au milieu des nègres et sous un soleil de plomb, que
les missionnaires bâtisseurs sous les Tropiques, ceux qui ont
réellement porté le poids du jour et de la chaleur.

Après six années de travaux, l'église était enfin achevée. Mgr
Carméné voulut en faire la bénédiction solennelle le 3 mai 1897.
Entre la cérémonie et la messe pontificale, le P. Mary lut en
chaire un petit discours, où il remercia tous ceux qui avaient
contribué à l'érection du sanctuaire. Puis, quand il est descendu
de chaire, sa Grandeur se lève, lui fait signe de s'arrêter devant son trône et, la crosse en main lui adresse les paroles
suivantes :

« Mon cher Père, vous venez de remercier tout le monde : il
est juste que vous soyez remercié à votre tour. Je suis heureux de
remplir cette tâche. Je sais tout ce que vous avez fait, par vos
quêtes si laborieuses, par votre intelligent et dévoué concours... Voilà pourquoi, mon cher Père, je vous nomme chanoine
honoraire de ma cathédrale. Je le fais d'abord pour récom-
penser votre mérite personnel. Je le fais aussi pour donner à
l'église du Morne-Rouge un dernier témoignage de mon intérêt..»

Et séance tenante, le P. Mary est revêtu du camail de chanoine
honoraire.

Parmi les devoirs de sa charge, il en est un que le zélé pasteur avait particulièrement à cœur, c'était la visite régulière de
ses paroissiens. Il savait par expérience combien il est nécessaire,
pour maintenir le Noir dans la pratique de ses devoirs religieux,
d'aller à lui, de le suivre dans le détail de la vie. C'était chez
lui un principe auquel il tenait par-dessus tout. Aussi les sentiers les plus cachés, qui menaient aux cases de tous les quartiers de la paroisse, lui étaient-ils parfaitement connus, pour
avoir été par lui cent fois parcourus.

Quoique d'un caractère très doux, il lui arrivait parfois, dans
son ardent désir du bien, de se laisser entraîner à quelques
excès de zèle, à des remontrances un peu trop vives ; il était le
premier à les rejeter ensuite. « Encore une *boulette,* disait-il »,
et il tâchait d'y veiller une autre fois.

Ses paroissiens savaient combien il leur était dévoué; en retour, ils étaient pour lui pleins de reconnaissance et d'affection. Ces sentiments se manifestèrent particulièrement au retour de son dernier voyage en France, au mois de décembre 1900. C'était, quelques jours après le 25e anniversaire de son ordination au sacerdoce. On voulut le célébrer avec solennité. Il en écrivait ainsi à sa sœur religieuse.

« Je voulais faire oublier mes noces d'argent; j'ai été pris. Mon supérieur s'est mis lui-même de la partie. Il a fallu se laisser faire. Depuis un mois, on m'accable de fleurs de rhétorique. Le matin, le cher P. J. Vœgtli, dans un magnifique discours sur le sacerdoce, m'a fait pleurer comme une Madeleine, moi qui ne savais plus pleurer! Le soir, les enfants de la persévérance avaient organisé une soirée récréative, à laquelle assistaient avec M. le Maire, religieuses, instituteurs, institutrices, tout le Morne-Rouge, et qui a été parfaitement réussie. Puis on est venu me complimenter, etc, etc. *(Lettre du 2 janv. 1901).*

« Maintenant, ajoutait-il, il faut se remettre à l'œuvre; je n'ai pas une minute à moi, de 4 heures du matin à 9 heures du soir. » — L'église, en effet, était reconstruite : mais il restait à la meubler et à l'orner; et avec ces soins matériels, il y avait tout le travail du saint ministère. Le nouveau sanctuaire enfin achevé, décoré par le F. Fulbert, venait d'être consacré par le nouvel évêque de la colonie, le 4 mars 1902, quand il fut détruit le 30 août par la tempête de feu, dont le zélé missionnaire devait lui-même être la victime.

On a vu par les détails donnés sur la terrible catastrophe, comment il a voulu se sacrifier jusqu'au dernier moment pour ses chers paroissiens. Nous les complétons par cette lettre qu'il écrivit lui-même quelques heures à peine avant d'être frappé, la dernière qu'ait tracée sa plume. C'est une réponse à une pieuse Dame, dont il avait assisté et soigné le mari, l'un des malheureux sinistrés de la banlieue de St-Pierre.

Morne-Rouge, le 30 Août 1902.

Ma bonne Dame Montferrier,

« Merci de votre bonne lettre du 26 courant. Me voilà donc auprès de N.-D. de la Délivrande depuis jeudi 21, avec l'intention de ne plus quitter, à moins d'un ordre exprès de mes supérieurs.

« Cela ne veut pas dire qu'ici nous ne courons plus aucun danger. Depuis 10 jours, le volcan est en pleine activité; ses éruptions sont effrayantes, nuit comme jour. La nuit, ce sont des apparitions de feu, de projectiles incandescents, se dirigeant, depuis la nuit du 25 au 26, du côté des contreforts de la montagne qui fait face au Morne-Rouge. C'est d'une horrible beauté! Hier encore, toute la nuit, jusqu'à l'heure où je vous écris, nous sommes sur un terrain en trépidations continuelles; les flancs de la montagne vomissent des torrents de fumée et de je ne sais quoi! J'ai dû quitter mon dîner, pour me précipiter à l'église vers midi et demi, et faire prier le pauvre peuple affolé! Quel spectacle que celui d'une montagne lançant des colonnes de laves, sur une étendue de plus de 2 kilomètres, le tout venant planer au-dessus de nos têtes, comme pour dire : Nous allons vous faire subir le sort qui a été le partage de Saint-Pierre!

« Malgré les émotions et le courage qu'il faut soutenir dans l'âme de mes pauvres , je me porte bien. La divine Providence a pour moi mille attentions délicates dont je ne saurais trop la remercier. C'est elle qui vous a sauvée d'une manière si prodigieuse, et je l'en bénis avec vous.

Nous sommes ici attendant la mort de pied ferme; puisse-t-elle être pour nous l'entrée dans un monde meilleur, l'élan vers le repos dans les saints Cœurs de Jésus et de Marie.

J. MARY
Curé gardien de N. D. de la Délivrande.

Voici, sur les obsèques du pieux et zélé missionnaire, quelques détails donné par le P. Bruno, qui conduisait le deuil avec le F. Gérard.

« Le corps du cher défunt fut déposé dans le salon de M. le chanoine Recoursé, transformé en chapelle ardente. On l'avait revêtu d'une soutane d'emprunt; ainsi a-t-il été pauvre à sa mort, comme il l'avait été durant sa vie.

« Sur le parcours, jusqu'à la cathédrale, c'est une foule immense qui se découvre et s'incline. De ci de là, partent des sanglots bien sincères : ce sont des sinistrés du Morne-Rouge, qui pleurent la mort de leur Père. La cathédrale, splendidement décorée, regorge de monde. M. l'administrateur préside, assisté de M. l'abbé Camenen, curé-doyen du Marin, et de M. Thoué, curé de la Rivière-Pilote. La messe est chantée par M. le chanoine Laboissière, curé-doyen du St-Esprit, ayant pour diacre et sous-diacre MM. Beysseyrios, vicaire au Lamentin, et Auber, vicaire au St-Esprit. Après le service funèbre, M. l'abbé Parel fait la conduite au cimetière. Quand le cercueil eut franchi la grille, on dut empêcher la foule d'entrer; ce furent alors des cris déchirants. Après les dernières prières récitées sous un ciel de feu, il y eut un véritable délire de douleur. Ceux qui avaient pu passer avec la procession baisaient le cercueil, y déposaient un instant des chapelets, croix, médailles, et invoquaient le vénéré défunt avec une confiance toute filiale « Saint Père Mary, disait une pauvre vieille tout en larmes, priez pour nous... Qu'allons-nous devenir?... Nous sommes finis, maintenant que notre bon Père est mort! »

« Les deux journaux de l'île, même l'*Opinion*, (journal antireligieux) ont fait l'éloge de notre héroïque Père. » (Lettre du P. Bruno, 10 sept. 1902.)